LES

MÉTAMORPHOSES

DE L'AMOUR,

COMÉDIE

Représentée pour la première fois, à Paris, à l'hôtel Castellane,
le 23 janvier 1831.

Paris.—Imprimerie de Mme Ve Dondey-Dupré, rue Saint-Louis, 46, au Marais.

LES
MÉTAMORPHOSES
DE L'AMOUR,

COMÉDIE

EN UN ACTE ET EN PROSE

PAR

Mlle AUGUSTINE BROHAN.

PARIS,

MICHEL LÉVY FRÈRES, LIBRAIRES-ÉDITEURS,

RUE VIVIENNE, 2 BIS.

—∞—

1851

LE MARQUIS D'ESTELAN.

LE CHEVALIER DE LA PIAILLIÈRE.

NICOLAS, valet de ferme, appartenant au Marquis.

LA BARONNE.

MARTON, suivante de la Baronne.

———

La scène se passe dans un parc, en Bretagne, sous Louis XV.

LES
MÉTAMORPHOSES DE L'AMOUR.

SCÈNE PREMIÈRE.

NICOLAS, MARTON, *entrant ensemble.*

NICOLAS.

Je n'te dis qu'ça, vois-tu !

MARTON.

J'te dis, moi, que tu te trompes.

NICOLAS.

Encore une fois, j'nous trompons pas, j'avons de bons yeux, et j'te soutenons que ta maîtresse n'haït pas M. le marquis.

MARTON.

Eh bien ! après, quand ça serait ?

NICOLAS.

Eh bien ! il faut leur bailler un bon contrat de mariage.

MARTON.

Ah ! vraiment ?

NICOLAS.

Oui, parce qu'après ça, j'ferons peut-être bien une autre noce.

MARTON.

La nôtre, pas vrai ?

NICOLAS.

Eh donc !

1.

MARTON.

Ah bien! si tu comptes pour cela sur le mariage de ma maîtresse...

NICOLAS.

Faudra bien qu'elle se r'marie tôt ou tard.

MARTON.

Cela ne presse pas tant qu'elle ne puisse attendre un mari qui
lui plaise.

NICOLAS.

En v'là une raison! Est-ce qu'elle aimait son premier?

MARTON.

Oh! pour cela non.

NICOLAS.

Eh ben, alors!

MARTON.

Alors, elle veut savoir un peu ce que c'est.

NICOLAS.

C'est juste! elle veut se rattraper, cette femme! Mais j'te répétons que le marquis, mon maître, ne lui déplaisons pas, et
qu'un jour ou l'autre...

MARTON.

Tais-toi donc! tu ne sais ce que tu dis. Si tu savais ce que ma
maîtresse en pense, de ton maître...

NICOLAS.

Eh ben! quoi donc, un peu? dis donc pour voir.

MARTON.

Dame! elle en pense — ce qui en est. Qu'il est mal appris, sauvage ; qu'il n'entend rien aux belles manières. Et elle n'a pas
tort, vois-tu? Le bel amoureux! Un homme qui court toujours
les forêts, qui, au lieu de venir à midi, bien poudré, bien parfumé au petit lever de madame, arrive toujours à l'heure du
souper, harassé, crotté, mal peigné, et habillé comment? je
te le demande. Un marquis qui ne porte ni poudre, ni talons
rouges !

NICOLAS.

Avec ça que tes talons rouges chasseraient le loup!

MARTON.

Et quelle nécessité de chasser le loup?

NICOLAS.

Ça donne de l'appétit.

MARTON.

Et ton maître n'en manque pas! Sainte Vierge! a-t-il mangé hier!

NICOLAS.

Tiens! c'était de sa chasse, il était dans son droit.

MARTON.

Enfin, je te réponds que ma maîtresse ne s'accommodera jamais de lui.

NICOLAS.

Tant pis pour elle! C'est un fier homme, tout d'même, — et qui lui donnerait bien plus d'agrément que d'autres.

MARTON.

Enfin que viens-tu faire ici? Ton maître t'a-t-il chargé de venir nous faire sa déclaration?

NICOLAS.

Nenni! J'venons pour not'compte. Mamzelle Marton, n'savez-vous pas bien que j'vous aimons?

MARTON.

La belle affaire! — Après tout, pourquoi ton maître ne demande-t-il pas la main de ma maîtresse?

NICOLAS.

Ah! dame! j'n'en savons rien. Peut-être bien qu'y n'oserions pas la toucher parce qu'elle a des rubans partout.

MARTON.

Qu'est-ce que tu veux dire?

NICOLAS.

Que ta maîtresse a trop de falbalas, et qu'c'est dommage;

parce qu'on pourrait peut-être bien être volé de dessous, — à ce que dit M. le marquis.

MARTON.

Dieu ! quel langage! On voit que vous n'avez vécu qu'avec des animaux.

NICOLAS.

Qui avions l'esprit de m'aimer, mamzelle Marton. C'est pas comme pour vous. — Pourtant, si vous vouliez, vous feriez une si bonne petite femme !

MARTON.

Ce ne sera pas pour toi, Nicolas! (*Elle lui fait une révérence.*) Ah ! l'on a bien raison de dire : Tel maître tel valet! Je suis difficile comme la baronne, vois-tu, et si jamais je fais la sottise de me marier, il me faut un homme galant, empressé, qui me rende des soins !

NICOLAS.

Et comment ça s'fait-il, ça ?

MARTON.

Voyons, écoute, j'ai pitié de ton ignorance. Tu veux me plaire, n'est-ce pas?

NICOLAS.

Oh ! oui.

. MARTON.

Eh bien ! pour cela il faut me faire assidûment la cour, mettre pour me venir voir tes beaux habits des dimanches ; ne jamais me quitter, afin que je n'aie pas le temps de réfléchir. Il faut dès le matin venir m'apporter des fleurs, et puis encore, si tu entends chanter les oiseaux dans les arbres, — il faut m'aller dénicher des nids... il faut...

NICOLAS.

Eh ben ! en v'là un métier de paresseux! faut avoir du revenu pour ça. Est-ce que j'n'avons pas à soigner nos chiens ?

MARTON.

Adieu! tu es trop bête.

NICOLAS.

Marton, j't'en prie, Marton ! n'nous quittons pas fâchés.

MARTON.

Encore une fois, tu ne veux pas essayer de te rompre aux belles manières ?

NICOLAS.

Je n'demandons pas mieux que de nous maniérer. Faut pas m'en vouloir de ce que je n'savons pas.

MARTON.

Je te pardonne. Allons, tiens, voilà ma main. (*Elle lui tend la main.*)

NICOLAS, *la regardant sans la prendre.*

Qu'est-ce que tu veux que j'en fassions ?

MARTON.

Hélas ! mon Dieu ! on ne pourra jamais faire l'éducation de ce garçon-là. — Ah çà ! tu n'as donc jamais été à la comédie ?

NICOLAS.

Où c'que c'est la comédie ? J'ne connaissions pas ça.

MARTON.

Tiens, justement, il y a ici une troupe de comédiens. Demande à M. le marquis qu'il te laisse les aller voir.

NICOLAS.

Eh ben ! quand je les aurons vus ?

MARTON.

Tu seras mieux appris, moins butor.

NICOLAS.

Ah bah !

MARTON.

Et tu sauras que quand une jolie femme vous donne sa main, — c'est pour qu'on la lui baise.

NICOLAS.

A cause ?..

MARTON.

Par coquetterie, — pour témoigner ainsi qu'il ne lui déplaît pas d'être aimée.

NICOLAS.

Tiens ! tiens ! c'est pas tant sot ça. — Eh ben ! moi, il ne me déplaisions pas d'être aimé. . baise ma main ! (*Il lui tend sa main.*)

MARTON, *stupéfaite.*

Hein ?

NICOLAS.

J'te tendons la main pour que tu m'la baises.

MARTON, *lui donnant un soufflet.*

Tiens ! tu ne seras jamais qu'un nigaud.

NICOLAS.

Ah ! sarpejeu ! comme vous y allez ! (*Il pleure.*)

MARTON.

Voyons, ne pleure pas, — je ne l'ai pas fait exprès.

NICOLAS.

Diable ! comment donc qu'c'est-il quand vous le faites exprès ? Oh ! que je suis malheureux ! Tenez ! mamzelle Marton, si vous me traitez si mal que ça, voyez-vous, j'prendrons un parti désespéré ; j'irons me jeter par la fenêtre... et je n'savons pas nager.

MARTON.

Imbécile ! à quoi te servirait de savoir nager pour te jeter par la fenêtre ? Allons, voyons, ne pleure pas, te dis-je ; pour te consoler, je veux bien consentir à notre mariage.

NICOLAS.

Ah ! qu'vous êtes bonne, mamzelle Marton ! Tapez encore, allez, n'vous gênez pas ; quand vous avez tapé, vous êtes toute gentille.

MARTON.

Mais à la condition que tu te corrigeras. Après tout, tu es un brave garçon. Ecoute : puisque tu crois que le mariage de nos

maîtres amènera le nôtre, il faut tâcher de travailler à cela. Je
sais comment prendre la baronne. Mais, pour réussir, il faut que
de ton côté tu dises sans cesse au marquis que ma maîtresse est
folle de lui !

NICOLAS.

J'veux bien, moi ; mais qu'est-ce que ça fera ?

MARTON.

Cela le flattera, et, par suite, il aimera la baronne.

NICOLAS.

Ah bien oui ! Ça ne prendra pas. Il paraît qu'autrefois à la
cour, M. le marquis n'a pas eu de chance : il a été trompé, à ce
qu'il dit comme ça, et il ne veut plus entendre parler des
femmes.

MARTON.

Fais ce que je te dis. Veux-tu me croire ?

NICOLAS.

Oh ! oui, mamzelle Marton.

MARTON.

Justement, le voici. — Commence tout de suite ; et si nous
réussissons, si tu deviens galant...

NICOLAS.

Nous nous marierons, ben vrai ?

MARTON.

Chut ! je vais trouver la baronne. (*Elle sort d'un côté, le Marquis entre de l'autre, en regardant en l'air.*)

NICOLAS.

Quoi donc qu'y regarde là-haut ? (*Au Marquis.*) Monsieur le
marquis...

SCÈNE II.

LE MARQUIS, NICOLAS.

LE MARQUIS.

Ah ! c'est toi, Nicolas ! vois-tu là-haut ce nuage ?

NICOLAS.

Oui, monsieur le marquis, il va crever, c'est sûr!

LE MARQUIS.

Alors, adieu la chasse ! Je craindrais vraiment d'exposer cette pauvre jument.

NICOLAS.

La grise ! j'crois ben ! une bête superbe !

LE MARQUIS.

Qui m'a coûté cent cinquante louis.

NICOLAS.

A propos d'bête, — j'venons d'voir mamzelle Marton.

LE MARQUIS.

Ah! Et la baronne — est-elle levée? Je viens lui faire une visite.

NICOLAS.

Pas encore ! Ah! dame, vous savez, elle se lève dès qu'on couche les poules. Mais j'venons d'avoir un bout de causerie avec Marton, et si vous saviez tout ce qu'elle m'a dit !

LE MARQUIS.

Qu'est-ce donc qu'elle t'a dit ?

NICOLAS.

Elle m'a dit... — Monsieur n'en parlera pas. — Que madame la baronne...

LE MARQUIS.

Eh bien ?

NICOLAS.

Aimait M. le marquis, mais là... d'amour.

LE MARQUIS.

La baronne ! cela n'est pas possible. Elle ne me voit pas de fois qu'elle ne me dise quelque chose de fâcheux.

NICOLAS.

Oh ! oui. Elle dit ben comme ça qu'vous avez besoin d'être un peu décrassé, mais pour vous aimer, c'est sûr.

LE MARQUIS.

Tu crois?

NICOLAS.

Dame! quand M. le marquis n'est pas là, elle soupire, elle lève les yeux au ciel. C'est une femme prise, quoi!

LE MARQUIS.

Je m'en étais bien aperçu; mais comment démêler la vérité au milieu de tous ses caprices? Ce que tu me dis là m'afflige, Nicolas; cette chère baronne!

NICOLAS.

Pourquoi que Monsieur ne l'épouserait pas?

LE MARQUIS.

Tu rêves, mon garçon! Moi, me marier; redevenir la dupe d'une de ces coquettes de la cour! Moi, retourner à Versailles, jamais!

NICOLAS.

Elle est pourtant belle, monsieur.

LE MARQUIS.

Oui, si l'on peut en juger avec les modes d'aujourd'hui.

NICOLAS.

Ah! pour ça, elle est bien ajustée, pas vrai, monsieur le marquis?

LE MARQUIS.

Eh non! elle est trop vêtue et trop parée.

NICOLAS.

Monsieur pourrait peut-être la décider à se déshabiller un peu.

LE MARQUIS.

Il n'y faut pas songer, Nicolas. De ce temps-ci, toutes les femmes de la cour sont les mêmes, précieuses, guindées, empesées. Le mauvais exemple a perdu la baronne... C'est sans remède. J'aime mieux Fanchette.

NICOLAS.

La fermière ?

LE MARQUIS.

Oui, ma foi; l'on sait du moins à quoi s'en tenir. A-t-on jamais vu comment était faite la baronne ?

NICOLAS.

J'm'en doutons ben.

LE MARQUIS.

Eh non, te dis-je! As-tu vu son pied? sa main? N'est-elle pas affublée de dentelles, de rubans, de mitaines, de falbalas? As-tu vu seulement ses cheveux?

NICOLAS.

Oh! pour ça, non! Elle et Marton se fourrent trop de farine sur la tête.

LE MARQUIS.

Tu vois donc bien, — Nicolas, il faut que je te marie à Fanchette.

NICOLAS.

Monsieur est bien bon, mais j'aime mieux mamzelle Marton.

LE MARQUIS.

Ta Marton ne vaut pas Fanchette.

NICOLAS.

Le fait est qu'elle est un peu mijaurée, mais j'voulons être son mari — pour lui rabattre un peu le caquet.

LE MARQUIS.

Où diable va se nicher l'orgueil masculin! Et t'aime-t-elle, elle ?

NICOLAS.

Elle m'aimerait — si monsieur le marquis le voulait.

LE MARQUIS.

Qu'ai-je à faire à cela, moi ?

NICOLAS.

Monsieur le marquis n'aurait qu'à me laisser aller à la comédie; ça ne gênerait pas monsieur le marquis, — j'emmènerais les chiens.

LE MARQUIS, *riant.*

On t'a tourné la tête.

NICOLAS.

Marton disait comme ça que si monsieur le marquis avait les cheveux blancs et les talons rouges, madame la baronne l'aimerait encore mieux. Si monsieur voulait, j'en mettrais ben aussi, moi, des talons rouges.

LE MARQUIS.

Tu ne sais pas ce que tu dis. Mais fais ce que tu voudras, mon garçon, je ne t'en empêche pas. — La baronne m'aime! (*Il marche avec agitation.*) Voilà qui est curieux, par exemple! Au moment de me marier, j'apprends que ma fiancée n'en est pas à son premier amour! je déchire le contrat, et je pars désespéré, furieux; je renonce aux plaisirs, au monde, aux femmes... Je romps avec Versailles, je m'enferme dans un vieux château. Là, du moins, je me crois bien tranquille,—pas du tout. Le diable envoie ici une jeune femme exilée de la cour, je ne sais pour quel motif. D'abord, je l'évite avec soin. Puis le voisinage amène quelques politesses de ma part, de celles-là qu'un homme bien élevé ne peut s'empêcher de rendre à une voisine de campagne. Cela suffit à l'enflammer et elle tombe amoureuse de moi.

NICOLAS, *le suivant.*

Monsieur veut-il que je cause avec lui?

LE MARQUIS.

Qu'as-tu à me dire?

NICOLAS.

Rien. C'est pour obliger monsieur qui parle tout seul.

LE MARQUIS.

Eh! laisse-moi! (*A lui-même.*) Voyons, après tout, il faut agir honnêtement, loyalement, et, par tous les moyens du monde, la faire revenir de ce malheureux attachement; je ne veux pas la voir à cette heure. Ce que je viens d'apprendre me trouble, me chagrine. Je vais m'en remettre. Puis je reviendrai, et par plus de rudesse, par des dédains, s'il le faut, j'essayerai de la dégoûter de moi... Ah! la fâcheuse affaire!... la fâcheuse affaire!... Viens, Nicolas.

NICOLAS, à part.

Je ne pourrai jamais parler comme ça tout seul. (Ils sortent.)

SCENE III.

LA BARONNE, MARTON.

LA BARONNE, entrant du côté opposé, s'asseyant à droite.

Ouvre mes tablettes, Marton, et voyons cette liste.—A combien de soupirants sommes-nous?

MARTON.

Dix, madame.

LA BARONNE.

Rien que dix, Marton?

MARTON.

Le pays n'en produit pas davantage.

LA BARONNE.

Quelle stérilité! Voyons les noms!

MARTON.

Le commandeur.

LA BARONNE.

Soixante ans!

MARTON.

Le vicomte.

LA BARONNE.

Un sot!

MARTON.

Le bailli.

LA BARONNE.

Devenez-vous folle? N'avez-vous point aussi inscrit mon garde-chasse?

MARTON.

Non, madame.

LA BARONNE, *prenant les tablettes.*

Mais vous en avez oublié un.

MARTON.

Qui donc manque encore? je ne vois pas qui ce pourrait être?

LA BARONNE.

Quoi! vous ne devinez pas du tout?

MARTON.

Du tout, madame.

LA BARONNE.

Eh! mais... le marquis d'Estelan.

MARTON.

Qui cela? le campagnard?

LA BARONNE.

Il se meurt d'amour, —vous ne l'avez pas vu?

MARTON.

Ah! non, madame; mais ce serait là un bon parti.

LA BARONNE.

Fi donc! un philosophe qui se mêle de raisonner et va jusqu'à prétendre qu'un palefrenier vaut un duc et pair, et qu'une marquise est l'égale d'une fille de ferme.

MARTON.

C'est de la folie!

LA BARONNE.

Que tous ces gens sont sots! il y en a pas un qui ait le sens commun! — Te souviens-tu du chevalier, Marton? Quelle différence! — Ah! mon cher Versailles! — Versailles! où êtes-vous?

MARTON.

Madame est donc bien malheureuse d'être ici?

LA BARONNE.

Sans doute, mon enfant. — C'est si triste de ne voir que toi.

2.

MARTON, *piquée.*

J'ennuie madame ?

LA BARONNE.

Tu me consoles, au contraire. Sans toi, je ne me souviendrais pas vraiment que je suis de la cour. Tous ces manants sont si ridiculement accommodés! Et puis, sais-tu, Marton, que je n'ai pas dansé depuis huit mois ?

MARTON.

Mettez-en douze, madame.

LA BARONNE.

Y a-t-il tant que cela ?

MARTON.

Douze grands mois.

LA BARONNE.

C'est singulier! — Le temps ne m'a pas paru long.

MARTON, *finement.*

C'est peut-être que madame aime...

LA BARONNE, *l'interrompant.*

La campagne, Marton, j'en raffole.

MARTON.

C'est ce que je voulais dire. — Madame veut donc que j'ajoute M. le marquis.

LA BARONNE.

Y voyez-vous quelque inconvénient ?

MARTON.

Aucun, madame. Mais c'est que...

LA BARONNE.

C'est que... quoi?

MARTON.

Le marquis...

LA BARONNE.

Eh bien ?

MARTON.

Êtes-vous sûre qu'il vous aime ?

LA BARONNE.

Qu'aurait-il donc à faire de mieux, Marton ?

MARTON.

Rien, assurément. Mais il me semble, madame, que ces petits campagnards, quand ils se sentent un cœur, en deviennent si fiers, qu'ils le crient partout, et le marquis, au contraire, disait l'autre jour qu'il détestait les femmes, et que madame la baronne avait des façons un peu trop hautaines pour lui plaire ; que son mantelet cachait trop sa taille, qu'on ne savait si elle a le pied petit...

LA BARONNE.

L'impertinent !

MARTON.

Et qu'enfin l'on pouvait bien l'adorer de loin comme une châsse, mais non pas l'aimer de près comme une personne naturelle.

LA BARONNE, *se levant.*

Le sot ! il n'y entend rien. Ne faudrait-il pas, pour lui faire plaisir, renoncer à être belle, abandonner les modes de Versailles et m'ajuster à la façon de mes servantes ! Ah ! le maussade pays, et qu'il me tarde de revoir la cour, les spectacles et les fêtes ! Comme le temps dure ici ! Tiens, ne me dis plus rien, ne me parle plus ; je suis fatiguée. — Chante-moi plutôt quelque chose pour m'endormir.

MARTON.

Voici M. le marquis lui-même.

LA BARONNE, *se rasseyant.*

Oh bien ! ne chante pas. Cela suffira.

SCÈNE IV.

LE MARQUIS, LA BARONNE, MARTON *s'assied à gauche et tricote.*

LE MARQUIS.

Bonne nuit, baronne.

LA BARONNE.

Bonjour, marquis ! (*Le Marquis lui serre la main.*) Aïe !

LE MARQUIS.

Vous ai-je cassé ?...

LA BARONNE.

Ce n'est rien. (*A part.*) Brutal !

LE MARQUIS, *à part.*

Allons, du courage ! il faut la brusquer un peu. Pauvre baronne ! il y aurait conscience. (*Prenant des fleurs et les laissant tomber.*) Qu'est-ce que c'est que cela ?

LA BARONNE.

Mon bouquet !... Que vous êtes maladroit !

LE MARQUIS, *s'asseyant auprès d'elle.*

Voyez le grand mal ! N'y a-t-il pas d'autres fleurs dans le parc ? Voulez-vous que je vous mène en cueillir ?

LA BARONNE.

Y pensez-vous ! avec mes paniers ?

LE MARQUIS.

C'est juste. Vous ne pourriez pas vous baisser. C'est bien commode cela, savez-vous ?

LA BARONNE.

Commode, non, pour être vrai, mais c'est plus élégant et de meilleure mise que vos guêtres de cuir.

LE MARQUIS.

Ah ! oui, mes guêtres... C'est que, baronne, on ne chasse pas en chaise, et ce matin, j'ai déjà battu la forêt pendant que vous posiez vos mouches.

LA BARONNE.

Oui, je sais que vous en voulez beaucoup à mes mouches ; mais que faire à cela ? Marquis, c'est la mode.

LE MARQUIS.

Vos mouches, madame, me tourmentent beaucoup moins que quelque chose — que je ne vous dirai point.

LA BARONNE.

Dites, vous avez toute permission.

LE MARQUIS.

Non, baronne, je ne veux point vous choquer.

LA BARONNE.

Hélas ! ce qui me choque le plus, c'est de vous voir vous ajuster de la sorte. — D'où vient donc ce méchant goût que vous
avez ?

LE MARQUIS.

Vous me faites chaque jour l'honneur de me le demander ; et
déjà je vous ai répondu que peu importait de quel vêtement on
recouvrait un cœur loyal.

LA BARONNE.

Il est vrai. Je crois même vous avoir riposté que vous parliez
comme feu Amadis de Gaule.

LE MARQUIS.

Oui, baronne, et je n'ai rien ajouté.

LA BARONNE.

C'est votre grande ressource. — Votre esprit se sauve par le
silence.

LE MARQUIS.

Je n'en pense pas moins, baronne.

LA BARONNE.

C'est votre droit et votre excuse. Mais, dites-moi, marquis,
quand vous chassez, à quoi songez-vous ?

LE MARQUIS.

A tirer juste, baronne.

LA BARONNE.

Voilà tout ?

LE MARQUIS.

Tout, en vérité.

LA BARONNE.

Et quand vous ne chassez pas ?

LE MARQUIS.

Eh mais ! je dors.

LA BARONNE.

Et quand vous ne dormez pas ?

LE MARQUIS.

Quand je ne dors pas, baronne, — je dîne.

LA BARONNE *se retourne et bâille.*

Ah !

LE MARQUIS.

Ne vous gênez pas, baronne, bâillez tout à votre aise.

LA BARONNE.

Vous permettez. (*Elle rebâille.*) Alors, vous ne pensez jamais à moi ?

LE MARQUIS.

Si fait, quand je vous vois.

LA BARONNE.

Vous êtes bien honnête.

LE MARQUIS.

Et vous, à quoi pensez-vous ?

LA BARONNE.

Oh ! moi, marquis, c'est bien différent, — je ne pense jamais.

LE MARQUIS.

Vous devez vous ennuyer beaucoup, baronne.

LA BARONNE.

Pas tant que vous, vraiment.

LE MARQUIS.

Mais je ne m'ennuie pas !...

LA BARONNE.

Oh ! non, — c'est moi que vous ennuyez.

LE MARQUIS.

Que ne le disiez-vous plus tôt? je n'étais là que par politesse..
— Adieu, baronne; je vais à la chasse.

LA BARONNE.

Et moi, je vais faire un tour dans le parc... Bonne chance, marquis.

LE MARQUIS.

Bien du plaisir, baronne.

LA BARONNE, *à part.*

Oh ! le brutal ! je le déteste ! (*Elle sort.*)

SCÈNE V.

MARTON, LE MARQUIS.

MARTON, *au Marquis qui n'est pas sorti.*

Comment! vous voilà revenu, monsieur le marquis!

LE MARQUIS.

Je suis inquiet, Marton, j'ai presque des remords, et je veux causer un peu avec toi. — La baronne est partie bien échauffée, n'est-ce pas?

MARTON.

Ah ! monsieur, comme vous l'avez traitée!

LE MARQUIS.

J'ai été un peu loin, mais c'est par honnêteté, Marton, et pour son bien. — De quoi s'avise-t-elle de m'aimer?

MARTON.

Vous la détestez donc bien?

LE MARQUIS.

Non, vraiment. Mais je n'ai pas d'amour pour répondre à sa passion, et cela me désole.

MARTON.

Oh bien! rassurez-vous, monsieur le marquis, je crois qu'elle ne vous aime guère non plus.

LE MARQUIS.

Que me dis-tu? Nicolas m'a assuré que toi-même lui avais dit, au contraire...

MARTON.

Ma foi! je le croyais; mais il n'en est rien... Loin de vous aimer, madame vous trouve trop simple, trop négligé. Ah! madame aime tant les beaux ajustemens!— Tenez, monsieur, je me rappelle qu'à la cour elle aimait un certain chevalier, seulement sur son habit.

LE MARQUIS.

La folle!

MARTON.

Ah! ce chevalier était si coquet!.. Elle y pense encore parfois. (*A part.*) Si je pouvais le rendre jaloux!

LE MARQUIS.

Qu'avait-il donc de si extraordinaire?

MARTON.

Rien. Mais il était galant, très-galant. Puis on avait plaisir à le voir. Ses cheveux étaient si parfumés, qu'on les sentait qu'il n'était plus là.

LE MARQUIS.

Le beau mérite! et que prouve cela? Si l'on s'en avisait, penses-tu qu'on ne puisse soutenir une lutte avec le chevalier dont tu parles?

MARTON.

Mais on ne s'en avise pas! — et on fait bien. Je n'oserais pas parier qu'on réussît.

LE MARQUIS.

Tu railles, Marton. C'est donc bien difficile, mon enfant, de se verser un flacon d'essence sur la tête et de porter des bas de soie!

MARTON.

C'est donc bien joli pour tant y tenir, ces grandes choses-là que vous avez! (*Elle montre le costume du Marquis.*) En bonne conscience, comment voulez-vous plaire à une jolie femme avec cette galanterie?

LE MARQUIS.

Je la traite en amie et ne me gêne point avec elle.

MARTON.

Traitez-la en ennemie, monsieur, et tournez-lui la tête, cela lui plaira davantage.

LE MARQUIS.

Elle ne m'aime donc pas du tout, en vérité?

MARTON.

En vérité, elle vous déteste.

LE MARQUIS.

Tu me piques, Marton, et j'ai bien envie d'essayer à lui plaire.

MARTON.

N'y tâchez pas, monsieur le marquis; vous n'avez rien de ce qu'il faut.

LE MARQUIS.

Pour le coup, c'est trop fort, et je vais bien te prouver que l'on sait s'habiller comme toutes vos poupées de gentilshommes, quand une fois on consent à cette mascarade.

MARTON.

Vous ferez, cela, monsieur ?

LE MARQUIS.

Oui, je le ferai... plus tard.

MARTON.

Ah ! vous voyez bien, vous n'osez pas, — vous reculez.

LE MARQUIS.

Je ne recule pas, Marton ; mais je voudrais suivre tes avis, que cela me serait difficile. — Je n'ai pas de vêtements de cour ici.

MARTON.

Quoi ! monsieur ! pas un habit ?

LE MARQUIS.

Non, mon enfant. J'ai juré de ne pas remettre les pieds à Versailles, et j'y ai laissé toute cette livrée de courtisan, qui fait si grand effet sur l'esprit de ta maîtresse.

MARTON.

Il vous fallait au moins conserver des habits de deuil, monsieur le marquis, car ma maîtresse est perdue pour vous... Mais, bon Dieu ! que vois-je là-bas ? (*Elle regarde au fond.*)

LE MARQUIS, *la suivant.*

La baronne au bras d'un homme !

MARTON.

Et d'un joli homme, encore ! — C'est lui, je le reconnais... c'est le chevalier !

LE MARQUIS.

Qui cela ? ce fat dont tu me parlais !

MARTON.

Que madame ne haïssait pas. Oui, vraiment, c'est lui ! ils viennent ici. Voyez comme il a bon air, et comme madame paraît heureuse de le voir !

LE MARQUIS.

Je pars... mais pour revenir.

MARTON.

Eh bien ! monsieur le marquis, allez-vous lutter , maintenant qu'il est là ?

LE MARQUIS.

Oui, Marton ; c'est une question d'amour-propre à cette heure. Il ne sera pas dit que le marquis d'Estelan aura été vaincu par un sot de cette espèce. A bientôt, Marton.

MARTON.

Que Dieu vous ramène, monsieur le marquis. (*Il sort.*)

SCÈNE VI.

LE CHEVALIER, LA BARONNE, MARTON.

LA BARONNE, *au bras du Chevalier.*

Quelle bonne fortune, chevalier ! Je ne pouvais en croire mes yeux. Comment ! c'est bien vous ? Et que venez-vous faire ici ?

LE CHEVALIER.

Vous le demandez, baronne ? on ne fait guère quatre-vingts lieues que pour vous voir.

LA BARONNE.

Cela est gracieux à vous de le dire ; mais il ne se peut pas que vous soyez venu rien que pour cela. — Je suis, quoi qu'il en soit, ravie de vous voir. Vous allez vite me parler de la cour, de tant de choses ignorées ou oubliées. Et d'abord, Sa Majesté est-elle toujours furieuse contre moi ? Suis-je encore en disgrâce ? Il me fâcherait que cela fût, car j'ai hâte de revivre au monde.

LE CHEVALIER.

Sa Gracieuse Majesté, notre bien-aimé roi Louis XV, baronne, a pris fièrement son parti. Rebuté par vous, il s'est allé consoler chez madame d'Étioles.

LA BARONNE.

Quoi ! madame d'Étioles, — si prude, si vertueuse !

LE CHEVALIER.

Rien ne s'use plus vite que la vertu, baronne, et la marquise, au bout de ses forces, a fini par céder à ce royal caprice. Ce n'est pas tout. — Le roi, tourmenté par sa nouvelle maîtresse, qui craint toujours votre retour, exige de vous, et vous me voyez à cette occasion, que vous vous remariiez au plus vite. A cette condition seulement, on lèvera l'arrêt qui vous exile.

LA BARONNE.

Me remarier ! Sa Majesté y songe-t-elle ?

LE CHEVALIER.

Parfaitement, et elle m'envoie ici pour vous plaire et vous épouser, dans le cas — certain — où vous n'auriez rien trouvé de mieux dans ces déserts.

LA BARONNE.

Vous plaisantez, sans doute !

LE CHEVALIER.

Non, baronne, foi de chevalier.

LA BARONNE.

Mais c'est impossible.

LE CHEVALIER.

Pourquoi? voilà deux mois que votre deuil est fini. Qu'est-ce d'impossible à ce que vous vous remariiez?

LA BARONNE.

Mais je n'aime personne.

LE CHEVALIER.

Mauvaise raison, si l'on vous aime.

LA BARONNE.

On ne m'aime pas.

LE CHEVALIER.

Vous me faites tort. Je vous aime prodigieusement. — D'ailleurs, chère baronne, vous savez ce qu'est un ordre de Sa Majesté, et c'est avec confiance que j'ai quitté Versailles pour mettre mon cœur à vos pieds.

LA BARONNE.

Confiance! confiance! Vous allez un peu bien vite, chevalier!

LE CHEVALIER.

Pas plus vite que Sa Majesté elle-même, qui ne vous donne que vingt-quatre heures pour vous décider.

LA BARONNE.

Mais c'est de la tyrannie!

LE CHEVALIER, riant.

Non, baronne, c'est une vengeance, — et franchement elle ne manque pas de piquant. Ah! ah! vous obliger à vous remarier! vous! baronne! Ah! ah! vous qui avez déjà essayé de cette méchante plaisanterie.

LA BARONNE.

Chevalier, ces rires sont déplacés.

LE CHEVALIER.

C'est que je trouve le tour bon. Vous ne sauriez m'en vouloir, baronne. Je ne le trouve tel que parce que j'en profite.

LA BARONNE.

Devenez-vous fou, chevalier, pour parler ainsi? N'est-il que vous en ce monde?

LE CHEVALIER.

Allons, de bonne foi, baronne, encore faut-il épouser quelqu'un; — et je ne suppose pas que vous ayez rencontré autre chose ici que poules d'eau ou canards sauvages. Ne vous plaignez point tant, baronne; quelques femmes — que je tais par modestie — n'auraient aucun chagrin de se voir à votre place.

LA BARONNE.

Chevalier, votre fatuité est insupportable.

LE CHEVALIER.

Que voulez-vous? ce sont les femmes qui nous gâtent; — et tenez, je vais vous conter une petite historiette qui va me donner gain de cause auprès de vous : il s'agit de la Camargo... Imaginez...

LA BARONNE.

C'est inutile, je vous en fais grâce, chevalier.

LE CHEVALIER, étonné.

Pardieu! baronne, savez-vous que madame de Villars me l'a fait raconter six fois en un jour, et que, pendant une heure que je fus chez la marquise de Livry, il me fallut la recommencer trois fois pour différentes personnes qui entraient!

LA BARONNE.

Voilà donc ce qu'on dit à la cour, maintenant? Quelle frivolité! Mais j'ai perdu l'habitude de ce langage :—maintenant, chevalier, il faut que vous le sachiez, je préfère au bruit et aux scandales cette paix et cette tranquillité que nous apportent les mœurs de la campagne.

LE CHEVALIER.

Vous plaisantez, baronne?

LA BARONNE.

Non, chevalier; je suis, vous le savez, d'humeur paresseuse et d'attention difficile. — Votre bavardage, bien loin de me séduire,

3.

m'étourdit, me fatigue. Votre esprit, vos manières, tout, jusqu'à votre ajustement, a trop de clinquant, de brillant, d'éclat pour moi. Vous me torturez l'esprit et m'éblouissez les yeux. -- Vous avez aussi trop de musc sur vous; fi! cela m'irrite les nerfs. Je vous quitte, je vais un peu me reposer de vous. — Sa Majesté m'a donné vingt-quatre heures pour réfléchir, et je vais y rêver.

LE CHEVALIER.

Mais, baronne...

LA BARONNE.

Ah! n'insistez pas, de grâce! — Il y aurait pitié. Je vous dois la plus belle migraine de ma vie, une de mes migraines de Versailles, que j'y avais oubliées. Au revoir! vous dis-je. (*A part, en rentrant.*) Voilà donc les hommes à la mode!... Oh! les ennuyeux personnages! (*Elle rentre chez elle.*)

SCÈNE VII.

LE CHEVALIER, MARTON.

LE CHEVALIER.

Quel changement! Que s'est-il donc passé, Marton? C'est une énigme! Eh quoi! elle dit vrai?

MARTON.

Oui, monsieur; madame aime la campagne à cette heure.

LE CHEVALIER.

Parbleu! je suis un grand maladroit; il m'était si facile!... Et d'où lui vient ce penchant?

MARTON, *à part.*

Il faut lui ôter tout espoir, afin qu'il s'en aille au plus vite.

LE CHEVALIER. ·

Tu te consultes, Marton? Tiens, voilà dix louis : dis-moi la vérité!

MARTON.

Monsieur, ne m'en donnez que cinq, — et laissez-moi mentir.

LE CHEVALIER.

Non, Marton, non, pas aujourd'hui ; la chose est grave et le temps presse.

MARTON.

Laissez-moi me consulter, monsieur.

LE CHEVALIER.

Soit. Mais fais vite, j'ai hâte.

MARTON, *à part.*

Il faut absolument le faire partir d'ici.

LE CHEVALIER.

Est-ce fini ?

MARTON.

Oui, monsieur, et je vais vous conter tout franchement la chose.

LE CHEVALIER.

Ah ! voyons cela.

MARTON.

Eh bien ! monsieur, madame a la tête tournée. Elle ne rêve plus que des champs. Elle déteste tout ce qui lui rappelle Versailles.

LE CHEVALIER.

Allons donc !

MARTON.

Madame, qui autrefois s'aimait tant au miroir qu'elle y restait tout le jour, s'éveille le matin avant l'aurore. — Elle va boire du lait à la ferme. Elle fait danser les paysans le dimanche. Elle ne dort plus au sermon, suit les vêpres et dîne avec le curé.

LE CHEVALIER.

C'est toute une révolution !

MARTON.

C'est invraisemblable, pas vrai ? C'est pourtant comme je vous le dis. Aussi, monsieur le chevalier, vous pouvez reprendre vos bottes de voyage et vous remettre en route. — Vous n'êtes pas l'homme qui lui convient.

LE CHEVALIER.

Oh ! oh ! tout n'est pas dit, il faut voir, réfléchir, aviser...

MARTON.

Avisez, monsieur, et réfléchissez. (*En s'en allant.*) Ma foi, s'il n'est pas content, tant pis pour lui ; que ne reprenait-il son argent ? (*Elle sort.*)

SCÈNE VIII.

LE CHEVALIER, *seul.*

Repartir ! repartir ! non pas, la peste ! Cinquante mille écus de revenu et une femme charmante, cela vaut la peine. — Il y a quelque chose sous jeu. Ces goûts-là ne peuvent guère venir sans que quelqu'un y aide. N'est-ce point plutôt quelque petit hobereau de poëte qui l'aura séduite, cette capricieuse baronne ? — Ah ! nous aimons les champs — et le lait. Eh bien ! mais... on peut se mettre à ce régime-là pour vous conquérir, belle rêveuse. Que diable ! vous aurez bien quelque reconnaissance, je suppose, pour un gentilhomme qui se fera rustre en votre honneur... Oui, c'est décidé, nous vous séduirons et nous vous épouserons ; — mais comment faire ? (*Il va s'asseoir, la tête dans ses mains.*)

SCÈNE IX.

LE CHEVALIER, NICOLAS.

NICOLAS, *très-soucieux.*

Je ne pourrons donc pas trouver un habit ? Avons-je du guignon ! en avons-je !

LE CHEVALIER, *à part.*

Il faut d'abord me débarrasser de ce costume mondain qui lui déplaît. Mais où pourrais-je en trouver un qui puisse convenir à mes projets ?

NICOLAS , *à part, s'asseyant du côté opposé.*

Si Marton n'veut pas me donner les habits du défunt baron qui est mort, j'irons dans quelque endroit de la forêt où c' qui peut passer un seigneur, et j'le dévaliserons.

LE CHEVALIER.

C'est qu'il n'y a pas à hésiter... Un caprice de femme veut être saisi tout de suite.

NICOLAS, *avec sentiment.*

On peut bien se faire voleur de grand chemin pour plaire à son épousée.

LE CHEVALIER, *se levant.*

Allons, je vais courir jusqu'à la ville pour trouver ce qu'il me faut. Vingt-quatre heures seulement, c'est court.

NICOLAS, *se levant.*

Je vas aller guetter sur la grande route. (*Ils se rencontrent.*)

LE CHEVALIER, *regardant Nicolas du coin de l'œil.*

Eh! eh! voilà un costume assez pittoresque.

NICOLAS, *regardant le Chevalier.*

Sarpejeu! voilà mon affaire!

LE CHEVALIER.

Avec un chapeau à larges bords; — une houlette, au besoin...

NICOLAS.

J'ai ben envie d'l'étourdir d'un coup, et puis de l'déshabiller. — Qu'il est doré!

LE CHEVALIER.

J'aurai l'air avec ça d'un vrai berger d'églogue.

NICOLAS.

Marton n'y tiendrait pas si elle me voyait avec ça.

LE CHEVALIER, *cherchant dans sa poche.*

Voyons à faire le marché... Diable! je suis à sec, n'importe!

NICOLAS.

Allons, c'est dit, un bon coup de poing sur la tête. (*Il s'avance, le Chevalier se retourne; Nicolas s'arrête et salue.*)

LE CHEVALIER.

Dis-moi, paysan, veux-tu changer d'habit avec moi ?

NICOLAS, *stupéfait.*

Hein ?

LE CHEVALIER.

Veux-tu me donner ton habit? Je te laisserai le mien en échange.

NICOLAS.

Ah çà ! vous êtes le diable !

LE CHEVALIER.

Plaît-il ?

NICOLAS.

Vous êtes le diable, ben sûr ! vous devinez ce que je pense.

LE CHEVALIER.

Répondras-tu ? Voyons, veux-tu me donner ton habit ?

NICOLAS.

Oui, monsieur, et de grand cœur ! vous m'allez bailler le vôtre, ça me va, je le trouve bien plus mieux fait.

LE CHEVALIER.

Le drôle a du goût. (*Voyant le Marquis.*) Quel est cet homme?

NICOLAS.

C'est le marquis d'Estelan.

LE CHEVALIER.

Que vient-il faire ici ?

NICOLAS.

Voir la baronne, donc.

LE CHEVALIER.

Va dans le pavillon, tu y trouveras Frontin, mon valet, qui te donnera un habit en échange du tien. Cours, laisse-moi.

NICOLAS.

Alors, l'marché tient toujours ?

LE CHEVALIER.

Sans doute. Va, te dis-je !

NICOLAS.

Pour le coup, j'allons aller à la comédie. (*Il sort.*)

SCÈNE X.

LE CHEVALIER, LE MARQUIS, *observant.*

LE MARQUIS, *à part.*

J'avais bien deviné, c'est quelque freluquet. A nous deux, monsieur le fat.

LE CHEVALIER, *à part.*

Je voudrais savoir si c'est là celui qui donne des goûts champêtres. C'est quelque rustre de gentillâtre. Comment l'aborder ?

LE MARQUIS, *à part.*

Contenons ma jalousie. (*Haut.*) Monsieur !

LE CHEVALIER, *à part.*

Ah ! il y vient, tant mieux. (*Haut.*) Monsieur !

LE MARQUIS.

Partez-vous prochainement, monsieur ?

LE CHEVALIER.

Mais, dès qu'il me plaira, monsieur.

LE MARQUIS.

Je pense, monsieur, que ce sera plus tôt.

LE CHEVALIER.

Que voulez-vous dire ?

LE MARQUIS.

Que vous me gênez infiniment ici.

LE CHEVALIER.

Monsieur, à qui pensez-vous parler ?

LE MARQUIS.

A vous, monsieur, et je ne crois pas me tromper.

LE CHEVALIER.

Ah! fort bien! je comprends. Dégaînons et dépêchez-vous, monsieur, je n'ai pas de temps à perdre.

LE MARQUIS.

Permettez, je fais mes conditions.

LE CHEVALIER.

Voilà qui est fort! c'est vous qui me provoquez et vous voulez faire vos conditions.

LE MARQUIS.

Écoutez-moi ; vous êtes brave, je n'en fais plus aucun doute ; mais pour le savoir, il fallait vous provoquer. Or, maintenant que me voilà rassuré sur ce point, il me reste à savoir si vous êtes beau joueur.

LE CHEVALIER.

Faudra-t-il vous dire aussi, monsieur, si je paye exactement l'impôt ?·

LE MARQUIS.

Non ; nous nous tiendrons à ceci. Êtes-vous beau joueur ?

LE CHEVALIER.

Monsieur, s'il arrivait que vous m'appartinssiez, que je vous jouasse et que je vous perdisse, — je payerais comptant.

LE MARQUIS.

Voilà qui est bien, monsieur ; vous êtes mon homme,— nous allons nous battre.

LE CHEVALIER.

J'y consens, mais hâtons-nous.

LE MARQUIS.

Pardon, monsieur, encore un mot. Je dois vous prévenir que mon but, en vous cherchant querelle, est de vous tuer pour avoir votre habit !

LE CHEVALIER.

Le moyen est violent.— Que diable voulez-vous faire de mon habit?

LE MARQUIS.

C'est mon secret.

LE CHEVALIER.

Mais, permettez-moi, monsieur, de vous faire observer qu'il ne serait pas convenable, après tout, que je restasse tout nu ; je ne suis pas ici chez moi.

LE MARQUIS.

Je vous couvrirai du mien.

LE CHEVALIER.

La peste, monsieur, j'y perdrai !... Mais voilà qui est vraiment plaisant; je cherchais moi-même tout à l'heure un habit bizarre et mal accommodé. Si j'avais eu le plaisir de vous rencontrer, monsieur, vous m'eussiez épargné une dépense.— Le vôtre était tout à fait mon affaire.

LE MARQUIS.

Croyez, monsieur, que si je l'avais su...

LE CHEVALIER.

Monsieur, je n'insisterai pas pour savoir votre secret ; seulement, permettez-moi de vous demander ce qui adviendra dans le cas probable où ce sera moi qui aurai le plaisir de vous tuer !

LE MARQUIS.

Oh! dans ce cas-là, monsieur, tout sera dit. Vous comprenez, sans doute, que votre habit me deviendrait tout à fait inutile.

LE CHEVALIER.

C'est juste : savez-vous bien, monsieur, que vous êtes très-original!

LE MARQUIS.

Ainsi voilà qui est convenu. Touchez là, vous êtes un vrai gentilhomme.

LE CHEVALIER.

Bien le vôtre, monsieur ; votre nom, s'il vous plaît ?

LE MARQUIS.

Le marquis d'Estelan, pour vous servir.

LE CHEVALIER.

Le chevalier de la Piaillière, pour vous le rendre.

LE MARQUIS, *saluant.*

Chevalier !

LE CHEVALIER, *saluant.*

Marquis !

LE MARQUIS.

Nous sommes trop près du château pour nous battre ici.
Venez, monsieur, nous allons terminer cette affaire.

LE CHEVALIER.

Soit, monsieur, marchons.

SCÈNE XI.

LA BARONNE, MARTON.

LA BARONNE, *très-agitée.*

Marton ! ma pauvre Marton ! que faire ? que devenir ?

MARTON.

Madame n'aime donc pas le chevalier ?

LA BARONNE.

Non, Marton ; le chevalier est un fat, un écervelé, et pour
rien au monde je ne confierais mon bonheur à cet homme-là.

MARTON.

Quel malheur, alors, madame, que le marquis soit si mal
élevé ! Vous l'auriez aimé, peut-être.

LA BARONNE.

Mal élevé, Marton ! mal élevé ! il ne l'est pas. C'est un esprit
bizarre, original, qui n'est pas sans charme.

MARTON.

Oh! madame, aimez-le, je vous en aurai bien grande obligation.

LA BARONNE.

Qu'est-ce que cela te fait, Marton?

MARTON.

Cela fait que j'épouserai Nicolas.

LA BARONNE.

Ah! mais c'est une considération, cela; j'y songerai.

MARTON.

Je ne voudrais pourtant pas gêner madame.

LA BARONNE.

Oh! cela ne me gênera pas. Et puis, Marton, faut-il te l'avouer? j'avais presque des remords. Ce pauvre marquis, je l'ai bien maltraité..... Comment m'aurait-il aimée? Sais-tu, en y réfléchissant, qu'il a bien raison d'être comme il est! au moins ne ressemble-t-il pas à tout le monde. Tandis que ces gentils-hommes musqués, poudrés, enrubanés, sont tous les mêmes: qui en voit un, les voit tous. Le moyen de choisir, Marton? Ah! le marquis a bien plus d'esprit que tout ce monde-là. Il me contrarie souvent, il me tourmente, c'est vrai; mais, au moins, cela me distrait, me change. Comme je le regretterai, mon enfant, si je pars!

MARTON.

Ne partez pas, madame.

LA BARONNE.

Ote-moi ce mantelet; il fait une chaleur!...

MARTON.

Ah! ciel, madame, je gèle, moi.

LA BARONNE.

Ote, te dis-je. (*Marton ôte le mantelet de la Baronne.*) Oui, l'on est mieux ainsi, n'est-il pas vrai?

MARTON.

Madame est toujours bien.

LA BARONNE.

Non, Marton ; toi tu me flattes. Le marquis a raison, de ce temps-ci on se pare trop, je veux essayer... C'est un enfantillage peut-être ; mais n'importe... Aide-moi, ôte-moi ceci. (*Elle indique ses mitaines.*) Après tout, le marquis ne savait pas me baiser la main. Et c'est tout simple ; le beau plaisir de poser ses lèvres sur une mitaine de soie ! Tiens, je gage que maintenant il serait moins sauvage. (*Elle montre sa main nue.*)

MARTON.

Avouez donc que vous l'aimez, madame.

LA BARONNE.

Oh ! non, Marton ! mais j'ai pris l'habitude de le voir. Enlève-moi ces mouches... Efface aussi ce fard sur mes joues. Le moyen de laisser voir une émotion sous ce rouge !... La vilaine mode ! — On cache son cœur avec tout cela !

MARTON.

Est-ce fini, madame ?

LA BARONNE.

Non, ôte encore ce pardessus. Tout cela est inutile. Ces paniers sont fatigants... (*La Baronne reste en déshabillé.*)— Bien ! Ah ! je me sens tout à l'aise maintenant. — Oh ! certes, dussé-je y perdre mes biens, je veux rester ici. Je veux lui plaire, le séduire. Je veux qu'en me voyant ainsi, il ne dise plus que je suis une de ces coquettes de la cour. Oh ! la cour, je la déteste à présent, je n'y veux plus retourner. Vois-tu, Marton, il y a deux mondes en un. Le premier, bruyant et mensonger, s'appelle Versailles. Là, tout est fausseté, fatigue et lassitude ; là, Dieu — c'est le roi. Puis, un autre, où l'on se repose, où l'on est heureux, où l'on aime... qui s'appelle les champs, et où le roi, — c'est Dieu !

MARTON.

Oh ! que madame parle bien !

LA BARONNE.

Pourquoi dit-on que l'amour est aveugle? Ce n'est que d'aujourd'hui que j'y vois clair. Viens encore me retirer ces bijoux
et donne-moi une fleur. A quoi bon des diamants quand il y a
des roses? (*Marton lui apporte une rose. La Baronne continue
à s'ajuster. Le Chevalier paraît dans le fond, vêtu en berger, une
houlette à la main.*)

SCENE XII.

LA BARONNE, LE CHEVALIER, *effeuillant une marguerite.*

LE CHEVALIER, *à part.*

C'est elle! ô Dieu des jardins! — Dieu Pan, Tityre, et toi,
Apollon, — protégez-moi...... (*Haut.*) Elle m'aime! un peu!
beaucoup! passionnément! — pas du tout.

LA BARONNE, *très-étonnée.*

C'est vous, chevalier!

LE CHEVALIER.

Ah! c'est vous, chère baronne. Je consultais l'avenir, et
demandais à la petite fleur des champs si vous pouviez m'aimer.

LA BARONNE.

D'ou vient ce déguisement?

LE CHEVALIER.

Je me suis fait berger. Oui, baronne, je n'ai pu résister à
cette suavité de la nature, à ces accents mystérieux qui tressail-
lent dans les roseaux. Je veux vivre ici, loin du bruit, loin des
fatigues de la cour, avec les arbres verts, le ciel bleu, les avoi-
nes babillardes, le gazouillement des oiseaux et les chansons
des fontaines. Tandis que vous filerez à la quenouille, je vous
lirai les encyclopédistes, et le soir, à la veillée, nous assem-
blerons nos vassaux dont nous formerons l'esprit et le cœur par
quelques saintes lectures de la *Bible* — et du *Jardinier parfait.*
Voilà ma vie désormais, baronne; si vous y consentez, nous
nous marierons, nous vivrons calmes et paisibles. Et l'on met-

tra sur nos tombeaux, quand la Parque fatale aura coupé notre
fil : « Ils vécurent heureux — et eurent.....»

LA BARONNE, *l'interrompant vivement.*

Chevalier !

LE CHEVALIER.

Vous savez le reste.

LA BARONNE.

Ah çà ! chevalier, que vous est-il arrivé ? je vous prie, avez-
vous donc perdu la tête ?

LE CHEVALIER.

J'ai voulu me rapprocher de vous, par les goûts, chère baronne,
et je vois que nous nous sommes entendus jusque-là que nos vêtements se ressemblent.

LA BARONNE, *un peu confuse.*

Ah ! chevalier, ce n'est là qu'un enfantillage ; j'ai voulu m'a--
muser, essayer...

LE CHEVALIER.

Fort bien, ne vous défendez de rien ; j'approuve tout, baronne,
et je vous adore à genoux.

LA BARONNE, *le relevant.*

Relevez-vous, chevalier.

LE CHEVALIER, *portant la main à son bras.*

Aïe !

LA BARONNE.

Qu'est-ce donc ? vous êtes blessé ?

LE CHEVALIER.

Oh ! ce n'est rien, une vraie égratignure.

LA BARONNE.

Mais encore, d'où vient-elle ?

LE CHEVALIER.

Une querelle.

LA BARONNE.

Une querelle ! avec qui ?

LE CHEVALIER.

Un original qui m'a demandé mon habit l'épée à la main.

LA BARONNE.

Votre habit? Et vous vous êtes battu?

LE CHEVALIER.

Pardieu! pensez-vous qu'on ait la peau de l'ours avant qu'il
ne soit par terre?

LA BARONNE.

Et que voulait-on faire de votre habit?

LE CHEVALIER.

Le sais-je, moi? Tenez, voici l'homme en personne; deman-
dez-le-lui.— S'il le sait, il vous le dira; mais, entre nous, je le
crois fou.

SCÈNE XIII.

LA BARONNE, LE CHEVALIER, LE MARQUIS.

(*Le Marquis entre vêtu de l'habit du Chevalier,—poudré—et rasé.*)

LA BARONNE, *au Marquis.*

Quoi! marquis, c'est vous qui vous êtes battu pour avoir cet
habit?

LE MARQUIS.

Puisque je vous déplaisais tant, vêtu d'autre façon.

LA BARONNE, *rêveuse.*

Est-il vrai? c'était pour moi? pour moi?

LE CHEVALIER.

Que diable ne le disiez-vous? Je vous l'aurais donné, mon cher.
La baronne ne pouvait le souffrir,— il sent le musc.

LA BARONNE.

En effet, et même en ce moment je m'en trouve presque in-
commodée. (*Au Marquis qui fait un mouvement pour se retirer.*)
Restez, marquis. Chevalier, allez, je vous prie, me chercher

mon flacon d'essence et mon mouchoir que j'ai laissés sous la charmille.

LE CHEVALIER, *à part.*

Elle veut m'éloigner; que signifie ceci? (*Haut.*) J'y cours, baronne, et, si vous le permettez, je donnerai des ordres pour qu'on fasse venir le tabellion qui doit nous unir. (*Au Marquis.*) Monsieur voudra bien nous servir de témoin, je suppose.

' LA BARONNE, *au Marquis.*

D'où vient que vous ne répondez rien, marquis?

LE MARQUIS.

A quoi bon dissimuler, baronne? ces paroles me déchirent le cœur. Si vous vous mariez, songez-y, j'en mourrai.

LE CHEVALIER.

Chansons que tout cela! D'ailleurs, monsieur, me croyez-vous incapable de mourir aussi? Au besoin je meurs tout comme un autre. Je reviens à l'instant, baronne. (*A part.*) Ne les perdons pas de vue.

(*Il sort.*)

SCENE XIV.

LA BARONNE, LE MARQUIS.

LA BARONNE.

Vous êtes un étrange homme, savez-vous, marquis? voilà que vous me faites presque une déclaration, et cela quand je vais partir, quand Sa Majesté m'oblige à épouser le chevalier.

LE MARQUIS.

Pourquoi me tromper? Le roi ne désigne personne, je le sais, baronne; dites plutôt que vous l'aimez et je vous le pardonnerai, si avant de prononcer cet arrêt fatal qui me tuera, vous daignez m'écouter un instant. Oh! n'ayez pas peur, madame; un peu de patience, et quelque éloignement que vous ayez pour moi, vous serez touchée, j'en suis sûr, du respectueux amour que vous m'avez inspiré.

LA BARONNE.

De l'éloignement !... Où prenez-vous que j'en aie jamais eu
pour vous? de l'éloignement! Oui, sans doute, je vais vous
écouter ; mais hâtez-vous, le chevalier peut revenir.

LE MARQUIS.

Le chevalier! ne m'en parlez plus, baronne. Savez-vous bien
de quelle jalousie je suis tourmenté? Savez-vous bien que
c'est lui, c'est le chevalier qui m'a fait voir combien je vous
aimais?

LA BARONNE, *souriant.*

Voilà, en effet, un fort méchant service qu'il vous a ren-
du là !

LE MARQUIS.

Ne riez pas, madame. J'étais heureux, tranquille ; votre
présence même, précieuse pour ma solitude, ne m'avait apporté
que douceurs et repos. Je me plaisais avec vous et ne croyais
pas vous aimer ! L'arrivée du chevalier m'a ouvert les yeux ;
confus alors, humilié, amoureux enfin, j'ai voulu vous plaire.
Je n'ai pas réussi et je pars. Regrettez-moi, baronne, je le mérite, car je souffre cruellement de vous quitter.

LA BARONNE.

Et c'est bien fait ! Vous me fatiguez à la fin. Vous ne comprenez rien ! (*Le Marquis va pour sortir.*) Mais c'est qu'il s'en
irait tout de bon ! (*Le rappelant.*) Marquis !

LE MARQUIS.

Vous me rappelez, baronne ?

LA BARONNE.

Oui, je vous rappelle.

LE MARQUIS.

Que me voulez-vous ?

LA BARONNE.

Je voulais vous demander.. votre avis sur ma nouvelle toi-
lette, que vous n'avez seulement pas regardée.

LE MARQUIS.

Baronne, vous êtes charmante ; je ne m'en suis que trop

aperçu. C'est pour le chevalier, sans doute, que vous vous êtes ainsi parée?

LA BARONNE.

Non, monsieur, ce n'est pas pour le chevalier ; c'est — pour un ingrat qui feint de ne pas voir qu'on l'aime.

LE MARQUIS, *devinant à moitié.*

Et cet ingrat, baronne, c'est?...

LA BARONNE.

Vous, marquis !

LE MARQUIS.

Moi! est-il possible ! — Mais non, vous vous moquez de moi.

LA BARONNE, *impatiente.*

Quel homme !

LE MARQUIS.

J'en mourrais de joie, baronne !

LA BARONNE.

Décidez-vous, marquis. De chagrin ! de joie ! vous voulez toujours mourir. —Vous avez l'amour triste.

LE MARQUIS.

Cela est-il vrai que vous m'aimez ? répétez-le-moi.

LA BARONNE.

Oh! non, je ne le répéterai pas. Je suis bien assez honteuse de l'avoir dit une fois. Il faut me croire sur ma première parole.

LE MARQUIS.

Et vous n'en changerez pas?

(*La Baronne tend sa main au Marquis.*)

LE MARQUIS, *tombant à genoux.*

Ah! baronne, je suis le plus heureux des hommes !

SCÈNE XV.

Les Mêmes, LE CHEVALIER.

LE CHEVALIER, *à part.*

La peste ! j'arrive à temps. (*Haut, venant entre deux.*) Bravo, baronne ! vous me faites jouer là un joli rôle ! Je n'ai pas trouvé votre mouchoir, et je m'en étonne peu, puisque vous le tenez à la main.

LA BARONNE.

Ah ! chevalier !

LE CHEVALIER.

Fort bien. Je pars, je vais retrouver la Camargo... Baronne, vous ne me retenez pas ?

LE BARONNE.

Non pas, que je sache.

LE CHEVALIER, *au Marquis.*

Mais cela ne peut se passer ainsi. — Monsieur, vous me rendrez...

LA BARONNE, *se plaçant entre eux deux, au Chevalier.*

Ah ! chevalier !...

LE MARQUIS, *avec hauteur.*

Raison ! bien volontiers, monsieur.

LE CHEVALIER, *se calmant sur un signe suppliant de la Baronne.*

Non, monsieur. — Mon habit, s'il vous plaît ?

LE MARQUIS.

Et de grand cœur, puisque vous partez.

SCÈNE XVI.

LA BARONNE, LE CHEVALIER, LE MARQUIS, MARTON.

MARTON, *accourant.*

Quel bonheur ! M. le chevalier part, alors madame épouse M. le marquis, et je pourrai épouser Nicolas.

LE MARQUIS.

Qu'est-il donc devenu ton amoureux ? je ne le vois plus.

MARTON.

Il est allé à la comédie étudier les bonnes manières. Oh ! je ne veux pas d'un paysan !... Mais n'est-ce point là lui ? qu'est-ce encore que ce déguisement ?

SCENE XVII.

LES MÊMES, NICOLAS, *avec le costume de voyage du Chevalier, pardessus de velours garni de fourrures, chapeau doré, etc. Il est à moitié gris.*

LE MARQUIS.

D'où viens-tu ?

NICOLAS.

D'la comédie, donc !

LE MARQUIS.

Que veut dire cette mascarade ?

MARTON.

Voyons, parleras-tu ? qu'est-ce que tu as fait ?

NICOLAS.

J'avons été à la comédie apprendre les belles manières.

MARTON.

Il est ivre, le malheureux !

LE CHEVALIER.

Il est un peu fort que j'habille tout le monde ici ! Rends-moi mon habit, drôle !

NICOLAS.

Oh ! qu'nenni !

MARTON, *à Nicolas.*

Allons, va demander à M. le marquis la permission de m'épouser.

NICOLAS.

Ah ben oui ! plus souvent !

MARTON.

Comment ! que dis-tu ?

NICOLAS.

Me marier! pas d'bêtise! j'en avons trop appris à c'te comédie
de M. de Molière!

MARTON.

Qu'as-tu appris? sur quoi?

NICOLAS.

Sur les femmes donc. Et j'savons c'que c'est d'elles à présent.

MARTON.

Qu'est-ce que c'est donc, imbécile!

NICOLAS.

Les femmes! — c'est des carognes!

LA BARONNE, *scandalisée.*

Ah!

LE MARQUIS, *souriant.*

Baronne, il faut pardonner à Molière.

MARTON.

Il est fou!

NICOLAS.

Pas si fou!... A preuve que j'ons été donner un coup de main
à Jean-Pierre, qu'a rentré chez lui pour bailler une volée à sa
femme!

MARTON.

A quel propos?

NICOLAS.

A propos de ce que j'te disions — que les femmes sont des...

MARTON.

C'est bon! c'est bon!... Mais si elle n'avait rien fait, la malheureuse!

NICOLAS.

Ça servira pour une autre fois; avec les femmes n'y a jamais
risque à taper, — c'est ben toujours presque à coup sûr.

MARTON.

Ainsi, tu ne veux plus m'épouser?

NICOLAS.

J'ne voulons pas changer notre nom de Nicolas pour celui de Georges Dindon! Le fils de mon père n'est pas si bête! il veut rester garçon — pour être ben sûr de mourir veuf.

MARTON.

C'est bien.—On se passera de toi.

LE CHEVALIER, *bas à Marton*.

Marton, je pars pour Versailles dans un quart d'heure. Va m'attendre au bout du parc, je t'enlève.

MARTON.

Comment! monsieur le chevalier, vous voulez...

LE CHEVALIER, *mettant un doigt sur sa bouche*.

Chut!

MARTON, *en passant près de Nicolas*.

Adieu, Nicolas!

NICOLAS.

Bonjour, Marton.

(Elle sort.)

LA BARONNE.

Cette pauvre Marton! qu'en pensez-vous, marquis ?

LE MARQUIS, *préoccupé*.

Oui sans doute, baronne.

LA BARONNE.

Bon Dieu! qu'avez-vous encore? A quoi songez-vous?

LE MARQUIS.

A rien, chère baronne.

LA BARONNE.

Ah! si fait!... qu'avez-vous ? — dites-le-moi.

LE MARQUIS.

Rien, je vous assure.

LA BARONNE.

Parlez, marquis; autrement je me dédis et je ne vous aime plus.

LE MARQUIS.

Ciel!

LA BARONNE.

Allons, parlez. Qu'est-ce qui vous occupe ainsi?

LE MARQUIS.

Baronne, — je vois vos belles épaules, vos mains si mignonnes; ces sottes dentelles ne me cachent plus votre taille, mais...

LA BARONNE.

Mais quoi!...

LE MARQUIS.

Mais cette neige qui recouvre votre tête — baronne, dites-moi la couleur de vos cheveux!

LA BARONNE.

Vous le saurez... le jour de nos noces.

LE MARQUIS.

Encore une métamorphose! chère baronne.

LA BARONNE.

Sans doute, marquis; mais ce sera la dernière métamorphose de l'amour.

FIN.

Paris. Imprimerie de Mᵐᵉ veuve DONDEY-DUPRÉ, rue St-Louis, 46, au Marais